JULES DELVAILLE

AGRÉGÉ DE PHILOSOPHIE

VICE-PRÉSIDENT DE L'ASSOCIATION GÉNÉRALE
DES MEMBRES DE LA PRESSE DE L'ENSEIGNEMENT

L'Université

de

Demain

Avec une lettre-préface

DE

M. HENRI BRISSON

DÉPUTÉ DE LA SEINE

PARIS

ÉDOUARD CORNÉLY, ÉDITEUR

101, RUE DE VAUGIRARD, 101

1902

Tous droits réservés

L'Université de demain

TOURS, IMPRIMERIE DESLIS FRÈRES

JULES DELVAILLE

AGRÉGÉ DE PHILOSOPHIE
VICE-PRÉSIDENT DE L'ASSOCIATION GÉNÉRALE
DES MEMBRES DE LA PRESSE DE L'ENSEIGNEMENT

L'Université
de
Demain

Avec une lettre-préface

DE

M. HENRI BRISSON

DÉPUTÉ DE LA SEINE

PARIS
ÉDOUARD CORNÉLY, ÉDITEUR
101, RUE DE VAUGIRARD, 101

1902

INTRODUCTION

Les pages qui suivent sont la reproduction d'un article paru dans la Nouvelle Revue *du 1er août 1901 ; nous nous sommes borné à quelques corrections et additions qui, parfois importantes, ne modifient pas essentiellement notre pensée.*

Les conseils de quelques amis, les exhortations d'hommes s'intéressant aux choses de l'éducation nous ont décidé à mettre à la portée de tous cette étude, à laquelle la presse française et la presse étrangère ont fait, dès son apparition, le plus bienveillant accueil.

Nous nous reprocherions de ne pas remercier ici nos sympathiques confrères dont les articles nous ont profondément touché.

Parmi les revues, signalons : la Revue des revues, la Quinzaine, *la* Review of Reviews, la France de demain.

Nous avons également suscité l'attention de publicistes et critiques de la presse quotidienne, dont l'expérience garantit l'impartialité, et dont le suffrage est un encouragement. Il nous faut citer, en première ligne, Henry Bérenger qui, traitant, avec une rare compétence, les questions d'enseignement, n'a pas craint de revenir à plusieurs reprises sur notre étude, dans la Dépêche *de Toulouse, et dans* la Raison ; *Léon Dubochet (*le Siècle*); J. Fèvre (*le Siècle*); Francis Framée (*le Radical*); Ch. Gal (*le Petit Méridional*); Georges Renard (*la Lanterne*); A.-H. Robert (*le Petit Bleu*); Gustave Téry (*la Petite République*); etc., etc.*

Les journaux et revues pédagogiques n'ont pas manqué d'apprécier notre travail, et d'en reproduire de longs extraits. Nous avons lu avec plaisir les articles de Mme *Gabrielle Réval (*Revue de l'Enseignement primaire et primaire supérieur*); d'André Balz (*Revue universitaire*); Nicolas Corneille (*Ecole nouvelle*); etc.*

Enfin, nous sommes heureux que notre brochure se présente au public sous les auspices de M. Henri Brisson, député de la Seine, ancien président du Conseil des ministres et de la Chambre des députés. L'homme qui, pendant sa longue vie parlementaire, a consacré toutes ses forces à la régénération de notre démocratie, a bien voulu écrire pour nous quelques pages de préface qui honorent singulièrement notre modeste travail. Nous prions M. Henri Brisson de vouloir bien recevoir ici l'expression de notre respectueuse reconnaissance.

J. D.

Février 1902.

LETTRE DE M. HENRI BRISSON

———

Paris, 31 janvier 1902.

Monsieur,

Vous vous proposez de rééditer votre étude sur l'*Université de demain*, que j'ai lue l'été dernier dans la *Nouvelle Revue*; je suis heureux de votre résolution. Il importe, en effet, au début du XXe siècle, d'activer la propagande sur les questions d'enseignement. Vous recherchez les moyens d'assurer de plus en plus l'égalité des enfants devant l'instruction et, pour employer votre expression, de constituer en notre pays, dès l'Ecole primaire et par l'Ecole primaire, une démocratie homogène.

Ce sera un grand service que vous aurez

rendu, plusieurs de vos collègues et vous.

Malgré tout ce qui a été fait de grand en France dans le siècle précédent, on peut regretter que nos dirigeants n'aient pas su ou pas pu donner à la nation un idéal commun.

A la fin du XVIIIe siècle, la coalition des rois contre notre Révolution, en jetant toute la France sur les champs de bataille, nous avait trop distraits du but démocratique de cette Révolution. L'ambition démesurée de Bonaparte, qui ne pouvait se soutenir que par la guerre à outrance, l'acharnement avec lequel l'Angleterre, dans l'intérêt de sa grandeur commerciale, soudoya et prolongea la coalition, nous écartèrent de plus en plus de la pensée des hommes de 89 et de 92. Le retour des Bourbons assura la réaction commencée par Napoléon ; puis, la lutte entre la Révolution et la contre-révolution accapara tous les efforts.

On avait vu la Prusse, après 1806, présenter à l'Allemagne, comme un idéal commun, la revanche contre l'ennemi héréditaire et l'unité sous son hégémonie ; comme moyens de réaliser cet idéal, l'enseignement national avait été conçu dans ce sens, tendu dans cette direction ; le service militaire obligatoire avait été inauguré. En France, les classes dirigeantes crurent pouvoir s'isoler du peuple au double point de vue de l'enseignement et de l'impôt du sang : la culture de leurs propres fils leur parut assez précieuse pour légitimer un ordre particulier d'enseignement et la libération du service militaire à prix d'argent. Cette criante inégalité avait peut-être déjà dessiné le fossé que la loi Falloux devait élargir et creuser entre ce que l'on a nommé « les deux France ». La patrie a durement expié ce retour d'esprit aristocratique dû aux Napoléons et aux Bourbons. Malgré les dures leçons de 1814 et de 1815, après plus d'un demi-siècle, la guerre de 1870 devait nous trouver encore dans cet état militaire étonnant où les fils du peuple faisaient sept années de service, tandis que ceux des classes riches ou aisées se dispensaient de l'impôt du sang par un sacrifice pécuniaire ; du moins, la catastrophe nous surprit-elle au moment où le second

Empire ébauchait une organisation légèrement
différente ; plus de cinquante années avaient
été perdues par une série de gouvernements
dont la tâche, cependant, était relativement
facile. En ce qui concerne l'enseignement, un
quart au moins des Français de vingt ans
étaient complètement illettrés.

La troisième République essaye, depuis
trente ans, de reprendre les traditions
d'égalité de la Révolution ; sa marche est
d'ailleurs entravée par des embarras de toutes
sortes, par des obstacles sans cesse renouve-
lés, par une conspiration toujours renais-
sante : 1873, 1877, 1889, 1899. Elle est
gênée surtout par le manque de ressources ;
les vingt milliards de dettes que lui a légués
l'empire plébiscitaire et les réfections oné-
reuses qu'elle a dû entreprendre pèsent lour-
dement sur elle et paralysent en partie ses
élans. Elle a beaucoup fait toutefois. En 1872,
en 1889, elle a marqué deux étapes vers l'égalité dans le service militaire. Dans l'enseignement, elle a établi la neutralité religieuse,
l'obligation, la gratuité de l'école primaire ;

mais non l'harmonie et la suite. L'esprit qui
a dominé presque tout le siècle dernier garde
de fortes survivances : l'enseignement supérieur semble avoir été, en certaines parties,
assoupli de façon à se prêter à des dispenses
du service militaire ; hier encore, la grande
Commission de l'enseignement à la Chambre
des députés, élue pour examiner et réformer
l'ensemble de notre système général d'instruction, ne s'est attachée, durant quatre années, qu'à l'enseignement secondaire et, dans
cet ordre, qu'aux réformes pédagogiques.
L' « enquête » et les propositions qui l'ont
suivie témoignent des préoccupations les plus
hautes et les plus louables. On aurait pu les
imaginer moins exclusives, plus générales :
une centaine de mille jeunes gens ont comme
caché à la Commission les six millions d'enfants qui ne reçoivent pas l'enseignement
secondaire ; treize cent mille sont encore
dans la main des congréganistes dont nous
connaissons l'esprit par le discours de
M. Léon Bourgeois ; cinq à six mille professeurs, très méritants et du sort desquels

elle a bien fait de se préoccuper, l'ont em-
pêchée de voir les cent ou cent cinquante
mille instituteurs ou institutrices qui, en
somme, élèvent le gros de la nation. Recon-
naissons, d'ailleurs, que l'ensemble de la
question était bien vaste.

Tout en étant peut-être un peu optimiste,
en ce qui regarde l'enseignement primaire et
sa situation présente, vous avez cependant
vu, vous, Monsieur, tout le problème ; vous
en avez, à la fin de votre étude, marqué le
caractère national et social. Le recrutement
des élèves de l'enseignement secondaire vous
préoccupe et vous montrez que la réforme
doit avoir, ce sont vos expressions, son
contre-coup sur l'enseignement primaire.
Ici, il faut vous lire et je ne veux pas vous
analyser. Il faudrait surtout que beaucoup
de pères de famille, je dirais plus volontiers
encore de mères de famille se pénétrassent
de vos idées et qu'à cette lecture leur ten-
dresse se fît plus clairvoyante. Les enfants
qui grandissent à cette heure, si des habitudes démocratiques ne leur sont pas don-

nées, risquent fort de devenir mauvais ou d'être malheureux; ils auront de pénibles surprises. Vous n'êtes pas sans en avoir le pressentiment. Il est partagé dans l'Université, dans l'enseignement, par nombre d'esprits attentifs. Puissent vos vues l'emporter! Si les enfants du peuple de France tout entier se mêlent et se pénètrent, on vous le devra en grande partie. C'est là l'idéal que vous nous proposez; il faudrait ne pas trop attendre pour en commencer la réalisation.

Veuillez agréer, Monsieur, l'assurance de mes sentiments distingués et dévoués.

Henri BRISSON.

L'UNIVERSITÉ DE DEMAIN

Parmi les puissants organismes qui concourent à notre vie nationale, il en est un qui, aujourd'hui plus que jamais, fait l'objet de nombreuses discussions, dans les livres, dans les journaux, au sein des assemblées politiques qui semblent appelées à décider sur son sort. Cet organisme, c'est l'Université. Mais ce ne sont pas toutes les parties constitutives de l'Université que la critique juge trop peu solides en vue de l'importante mission qui lui est confiée. Depuis que Napoléon voulut trouver dans l'établissement d'un corps enseignant « un moyen de diriger les opinions politiques et morales[1] », par suite des événements, grâce à l'influence de savants et d'hommes désireux de donner à la démocratie naissante les moyens de progresser, nous avons assisté à la magnifique floraison de cet

1. Paroles de Napoléon au Conseil d'Etat, 11 mars 1806. Cité par Taine, *le Régime moderne*, t. III, p. 196.

enseignement, qui, s'adressant à tous les Français, est, selon le mot de Michelet, « le nœud de la cité ». A côté de l'œuvre des Jules Ferry, des Buisson, des Pécaut, etc., notre troisième République a vu aussi se réveiller et se régénérer l'enseignement dont la mission est de faire la science, d'initier aux nouvelles découvertes ceux qui, plus tard, les répandront dans le pays. Depuis la forte initiative de Victor Duruy, grâce aux réformes accomplies par des directeurs tels que Albert Dumont, M. Liard, nos facultés ont pris une vie jusqu'alors inconnue ; les chaires nouvellement créées, les laboratoires installés ont suscité des phalanges de travailleurs ; et l'éloquence des cours publics d'autrefois a fait place à la recherche minutieuse et méthodique, dont les précieux résultats s'accumulent insensiblement.

En un mot, depuis les dernières années du second Empire jusqu'aujourd'hui, l'enseignement supérieur et l'enseignement primaire sont nés pour la République.

Ce n'est pas à dire que ces deux ordres d'enseignement soient à l'abri de toute critique. Pour l'enseignement primaire, le Gouvernement républicain complétera son œuvre en relevant la situation matérielle et la dignité de l'instituteur.. Dans l'enseignement supérieur, il est à craindre que l'encombrement des facultés de droit et de médecine ne fasse baisser le niveau des études, depuis que le doctorat est devenu une « dispense militaire ».

Mais, entre ces deux étages de notre édifice universitaire, il en est un troisième qui, longtemps réputé intangible, subit l'assaut de la discussion, et c'est autour de lui que notre époque voit se livrer la lutte de l'esprit laïque contre le cléricalisme.

On croyait avoir organisé l'enseignement secondaire ; ceux qui laissaient se perpétuer l'enseignement traditionnel des humanités, comme ceux qui avaient, à côté de lui, créé, puis renforcé un enseignement répondant à de nouveaux besoins, tous pensaient avoir fait une œuvre durable, et merveilleusement adaptée aux tendances d'une démocratie qui, curieuse de connaissances, avide de haute culture intellectuelle, ne saurait, sans danger, abandonner le souci des intérêts et des nécessités de la vie pratique. Malgré toutes

les bonnes intentions des réformateurs, notre
enseignement secondaire se débat difficile-
ment entre les attaques dont il est l'objet ;
Classique ou *moderne*, il a subi d'incessantes
retouches ; celles que réclament encore les
esprits les plus autorisés dénoncent la fragi-
lité de l'édifice, et le risque où se trouve une
partie du pays de rester privée de solides
directions.

Ces trop fréquentes réformes de notre enseignement secondaire sont, sans contredit,
une des causes de ce que l'on a appelé, non
sans exagération, la crise de l'Université.
Mais elles n'en sont pas la cause unique,
comme on l'a prétendu. Les familles qui, en
ces derniers temps, se sont éloignées de nos
lycées pour confier leurs enfants aux mai-
sons religieuses, ne sont pas toujours aptes
à juger exactement la valeur d'un plan
d'études ou l'opportunité d'une réforme. La
raison pour laquelle certaines d'entre elles
désertent l'enseignement de l'État est une
cause politique. Notre bourgeoisie, qui forme
la clientèle ordinaire de l'enseignement secondaire, s'est laissé envahir par des idées de
réaction ; la crainte des doctrines avancées

et du socialisme a jeté dans les bras de l'Église les petits-fils de ceux qui, aux journées de juillet, luttèrent pour les idées libérales.

Quoi qu'il en soit, l'Université est à un tournant de son histoire; et s'il se pose aujourd'hui un angoissant problème, d'une portée vraiment nationale, c'est celui de l'enseignement secondaire. Nous avons organisé l'enseignement primaire et l'enseignement supérieur; mais il y a une partie de la nation qui demande plus que l'un et moins que l'autre. C'est par l'enseignement secondaire que nous élevons les jeunes gens qui auront un jour en main les destinées du pays; il forme les cadres de la démocratie, distribue la culture à ce que l'on est convenu d'appeler les classes dirigeantes; et, si la direction des affaires publiques est accessible à tous, il faut qu'elle soit confiée uniquement à ceux qui présenteront des garanties de compétence et de moralité.

Pour éviter de voir la démocratie sombrer dans la tempête déchaînée des mauvaises passions, il est donc urgent de faire l'éducation de la bourgeoisie; et, en montrant ce que doit être notre enseignement secondaire, nous dirons, par cela même, ce que sera, selon nous, l'Université de demain.

*
* *

Après avoir recherché quelle doit être l'orientation d'un enseignement propre à la partie la plus éclairée de notre démocratie, nous parlerons des maîtres, appelés à donner cet enseignement, et des élèves qui le recevront.

Sans entrer dans le détail des programmes à tracer, sans prendre la place du Conseil supérieur de l'instruction publique, nous allons essayer de dire comment nous concevons l'enseignement secondaire au xxe siècle, c'est-à-dire dans une nation qui doit être solidement armée pour la vie, sans risquer de voir s'éteindre en elle la flamme de l'idéal.

Il n'entre pas dans le cadre restreint de cette étude de discuter les critiques qui ont été adressées, de tous côtés, à l'enseignement classique et à l'enseignement moderne; nous n'apporterions rien de bien nouveau dans un débat qui menace de s'éterniser, au grand détriment des études et des forces vitales du pays. Pour notre compte, il nous semble indiscutable qu'il est nécessaire d'établir, en France, deux genres d'enseignement : l'un orienté vers les professions libérales qui exigent une haute culture scientifique et littéraire, l'autre adapté aux professions industrielles et commerciales, mais fort dans ses parties constitutives, et non pas réduit au strict minimum d'un enseignement primaire supérieur, avec lequel il ferait double emploi. Pour réconcilier ces frères ennemis, et leur enlever tout prétexte de lutte, assignons-leur des fins différentes. La grande faute commise a été de vouloir leur donner les mêmes issues ; et comme l'enseignement gréco-latin semble avoir un caractère quelque peu aristocratique, il en est résulté une sorte d'infériorité pour les élèves qui *ne faisaient que des études de français*. Mais, le jour où l'on pourra faire comprendre à notre bourgeoisie qu'il vaut mieux apprendre sérieusement des sciences appliquées, avoir des notions générales de littérature et d'histoire, mais bien assimilées, que d'avoir ânonné, pendant six ans, sur des textes anciens dont il ne reste rien sinon la confusion que commet le Mistingue de Labiche entre Horatius Coclès et Horatius Flaccus ; le jour où nos contemporains dépouilleront ce sot orgueil qui les pousse à diriger leurs enfants dans une voie qui devient pour eux une impasse, alors il ne s'établira plus de hiérarchie entre les deux genres d'enseignements. Il faut que nos deux enseignements soient *autres :* Je voudrais même que les certificats de l'enseignement classique ne soient pas admis à remplacer les certificats de l'enseignement pratique : on peut être un excellent helléniste et faire un très médiocre industriel. Qu'on songe à ce qui se passe relativement aux diverses fonctions universitaires qui ont, chacune, leurs certificats spéciaux. Un agrégé des lycées ne saurait, en aucune façon, être nommé inspecteur de l'enseignement primaire ou directeur d'école normale ; car ces fonctions sont autres que les siennes et demandent d'autres aptitudes. Il pourrait en être de même pour les certificats de notre enseignement secondaire, sans qu'on soit en droit de nous donner comme objection le vieux proverbe : qui peut le plus, peut le moins. Mais, pour éviter toute méprise, il faudrait que les cycles des deux enseignements fussent précédés par un enseignement commun, de façon à permettre aux familles de ne se décider qu'à bon escient, et après constatation des goûts et des aptitudes de leurs enfants.

Quel que soit l'enseignement, classique ou pratique, l'Université devra bannir de ses programmes tout ce qui est une surcharge pour la mémoire, tout ce qui n'a pas pour fin essentielle le développement de la réflexion. C'est par ce moyen qu'elle rendra impuissante l'action de l'enseignement clérical qui est le triomphe du manuel et du système de *bourrage*.

Sans porter aucun préjudice aux études, on peut élaguer bien des matières dans les programmes de sciences physiques et naturelles, qui demandent beaucoup trop d'efforts à la mémoire. L'essentiel doit être, pour l'élève, de connaître la méthode et de la voir appliquée par son professeur. Il aura le temps d'apprendre plus tard les détails, s'il est besoin.

De même, en histoire. Il est inutile d'encombrer la mémoire de l'enfant par la narration de tous les petits faits. La connaissance précise des différentes époques de la civilisation aura sur l'esprit une toute autre influence.

Dans l'étude des langues, il faut supprimer tout ce qui est particularités grammaticales; l'élève les connaîtra par la lecture, s'il étudie les langues anciennes, ou à l'usage, s'il s'agit de langues vivantes.

A l'érudition qui est nécessairement superficielle, par son caractère hâtif, il faut substituer la culture profonde, vraiment éducatrice.

Il faut aussi que le baccalauréat « d'où nous vient tout le mal » soit sérieusement réformé — jusqu'au jour où une mesure radicale nous privera de cette précieuse institution. Et, quand je parle de réforme du baccalauréat, je ne songe pas à des modifications du programme, du genre d'examen subi en une ou deux fois, comportant une version ou un thème, ou à tout autre changement de surface analogue à ceux que nous avons vus depuis quinze ans. Je demanderai que l'examen, prenant un caractère sérieux, n'étant pas expédié en quelques minutes, exigeant, s'il le faut, un personnel plus nombreux, on cherchât à estimer le candidat sous le rapport de sa force de pensée et de réflexion, plus que sous le rapport du nombre des connaissances emmagasinées. Or, que voyons-nous aujourd'hui, par suite de la pléthore des candidats bacheliers? Le professeur de faculté, étant obligé d'apprécier rapidement la valeur d'un candidat, lui pose une question à laquelle celui-ci doit répondre sans broncher ; car le temps presse..... Ici triomphe la congrégation, experte dans l'art d'enseigner des réponses imperturbables et de mettre mécaniquement dans la tête des élèves de longues séries de dates ou de fleuves [1].

Mais, me dira-t-on, qu'est-ce que cela importe pour l'enseignement universitaire? Plus ces habitudes se généralisent, plus elles auront sur lui une néfaste influence ;

---

1. Tout esprit impartial reconnaîtra que, pour posséder le diplôme de bachelier, l'élève *chauffé* à blanc par les « Bons Pères » n'a pas la solidité de pensée et l'habitude de réflexion que l'on rencontre chez la plupart des élèves dans l'Université. Un même titre recouvre des éducations bien différentes. On peut se faire une idée des expédients mnémotechniques imaginés par la congrégation enseignante, en lisant *l'Empreinte*, d'Estaunié. Voir surtout, pages 21 et 37.

car le lycée est obligé de se plier aux exigences de l'examen. Et, par l'intermédiaire
du baccalauréat, il arrive cette chose extraor-
dinaire que l'Université prend inconsciem-
ment pour modèle la manière d'enseigner
propre aux congréganistes et leur système de
réponses vertigineuses.

Contrairement à ce qui se passe, il faut que
le baccalauréat se modèle sur le lycée, qu'il
ne soit plus un inventaire de connaissances
encyclopédiques, pour devenir un examen
d'aptitudes intellectuelles, d'accord avec
l'enseignement universitaire, tel qu'il est
dans son esprit, tel qu'il sera encore davantage, quand on aura sérieusement allégé nos
programmes interminables. Ce changement
est plus facile qu'on ne croit : l'État, gardien
de ses diplômes, peut l'effectuer dès qu'il lui
plaira.

Un autre devoir s'imposera de plus en
plus à l'Université. De même que, en évi-
tant tout système de *bourrage*, elle formera
des esprits, de même elle se doit de préparer
des citoyens.

Quelle que soit la destination de nos fils,
malgré la différence des notions exigées pour

leur profession future, tous doivent être préparés à la vie politique. S'ils sont appelés à prendre part aux affaires du pays, qu'ils soient magistrats, professeurs, avocats, industriels, négociants, tous doivent avoir reçu une large culture morale ; et l'ignorance de quelques détails de littérature ou de science sera, pour ces futurs directeurs de la démocratie, bien moins funeste que l'absence de l'éducation morale et civique. Ce n'est pas à dire pour cela que l'Université risque d'introduire la politique dans les classes du lycée ; certains esprits mal intentionnés pourraient tirer de nos paroles cette conclusion illégitime. Mais nous pensons que l'Université doit pénétrer de philosophie, de morale et de sociologie tout son enseignement. Ce sont ces études qui profiteront des émondages que l'on pratiquera dans les programmes de sciences. Ce sera là l'œuvre de reconstruction que M. Fouillée annonce pour le xxᵉ siècle. C'est avec raison que ce philosophe a constaté l'*échec pédagogique des lettrés et des savants*, et qu'il a montré de façon magistrale que « les classes de philosophie représentent l'avenir, tandis que

les autres s'attardent trop à ruminer le
passé ».

La philosophie sera donc le centre de l'enseignement futur. Mais ici se pose une question inévitable. Tous les systèmes philoso-
phiques qui se sont succédé dans l'histoire
constituent autant de contradictions. L'Université laissera-t-elle toute liberté à ses
maîtres, ou bien se fera-t-elle le porte-pa-
role d'une doctrine qui serait enseignée *offi-
ciellement* en son nom ? Cette dernière solu-
tion n'est plus possible aujourd'hui, alors que
la France et l'Université ont fait la triste
expérience d'une philosophie officielle. Notre
enseignement a subi trop longtemps l'influence
stérilisante de la philosophie, dont Victor
Cousin fut le grand pontife, et que tous les
professeurs étaient tenus de prêcher du haut
des chaires des facultés et des lycées. Nous
savons tous, par ouï-dire, ce que furent nos
classes de philosophie, envahies par cette
doctrine faite uniquement pour édifier la mo-
narchie de Juillet, et mettre en sécurité les
jeunes bourgeois censitaires, propres à devenir d'excellents citoyens, respectueux du roi
et des grands principes dont on leur démon-

trait la vérité, en leur disant qu'ils étaient admis d'un consentement universel !

Nous ne sommes plus au temps où l'on pouvait imposer à nos professeurs l'obligation d'enseigner une doctrine quelconque. L'Université, qui est l'école de la liberté, mentirait à ses propres principes, si elle commençait par enlever à ses maîtres la liberté de la pensée. Je sais bien que cette liberté ne manque pas de soulever des difficultés ; mais elle est préférable, malgré tous ses périls, à l'enseignement doctrinaire et dogmatique avec toute sa sécurité.

Mais, comme nous disions plus haut que l'Université devrait surtout se soucier de former des citoyens, comme, après tout, elle est l'Université républicaine, dont tous les membres enseignent au nom de l'État républicain, l'Université devra, sans rien imposer qui ressemble à une contrainte, orienter de plus en plus son enseignement moral et civique dans le sens du principe même du régime démocratique[1]. Et, pour atteindre ce

1. Cf. les paroles prononcées par M. Georges Leygues, à la distribution des prix du Concours général de 1901 : *L'État doit enseigner la Démocratie et la République.*

but, il est une philosophie dont les affirma-
tions essentielles sont parfaitement adaptées
à notre idéal de liberté intellectuelle et morale, de justice et de respect absolu de la personne humaine. C'est la philosophie de Kant,
bien faite pour développer la vigueur mentale
des jeunes gens, leur apprendre les limites de
la raison humaine, sans cependant les sevrer
d'idéal. Cette philosophie a rencontré des
adversaires parmi certains de nos contemporains qui ont traité de l'éducation universitaire. Avec son esprit rogue et ses tendances
pessimistes, Taine a désapprouvé cet enseignement qui aurait, selon lui, envahi toutes
nos classes de philosophie et qui « ingère dans
les esprits de seize ans une pâtée métaphy-
sique aussi lourde que la scolastique du
xvie siècle, horriblement indigeste et mal-
saine pour ces estomacs novices [1] ». Taine ne
va-t-il pas jusqu'à préférer à la doctrine
kantienne la stérile idéologie de Laromi-
guière et les déclamations oratoires de Cousin ! Avec plus de justesse que Taine,
M. Fouillée, qui n'est certainement pas un

---

1. Taine, *le Régime moderne*, t. III, p. 348.

disciple de Kant, a montré ce que cette doctrine a de généreux, de démocratique et de républicain.

Malgré tout, le système de Kant, tel qu'il l'avait constitué, n'a guère conservé, en France du moins, de disciples orthodoxes ; et l'on pense, à bon droit, que la démocratie actuelle doit chercher ses directions dans une philosophie ayant profité de l'évolution scientifique et des progrès du siècle dont elle est issue. Pour répondre à ce besoin des temps modernes, n'avons-nous pas, parmi nous, le philosophe qui, éminent continuateur de la pensée kantienne, reste profondément original et génial, et dont les thèses, serrées et condensées par son vigoureux esprit, sont fécondes en aperçus ? N'avons-nous pas M. Charles Renouvier, dont la philosophie, élaborée loin de l'Université, s'est infiltrée dans l'esprit et les leçons de ses membres les plus distingués, par cela seul qu'elle leur est apparue comme la doctrine convenant à une démocratie cultivée et consciente de ses devoirs ? M. Renouvier, en plaçant au-dessus de tout la loi morale et le devoir, en montrant que le penseur, que tout homme, refusant de

se plier à une autorité extérieure, doit se faire
à lui-même *sa* vérité et compléter, au besoin,
par sa propre liberté, les croyances néces-
saires, n'a-t-il pas toutes les qualités pour
être le guide philosophique de notre époque ?
par sa *Science de la morale*, qui est un des
plus beaux livres de philosophie morale et
politique qui aient jamais été écrits[1], par la
publication, pendant vingt ans, de *la Critique philosophique*, recueil où furent discu-
tées et traitées toutes les questions actuelles,
appréciés les événements politiques entre
1872 et 1890, M. Renouvier, fondateur du
néocriticisme, est devenu le centre de la pensée philosophique. Et quand nous parlons
d'un enseignement moral pour nos futurs
citoyens, c'est à lui que nous devons revenir ;
son inspiration est capable de refaire, parmi
nous, l'esprit public dont nous avons besoin ;
car, avec une forte moralité, une conscience
sûre de nos droits et de nos devoirs, il n'y
aura plus à redouter la veulerie des indiffé-
rents, la paresse des dilettantes, ou les colères
des *réfractaires*.

1. C'est aussi l'opinion de M. Henry Michel : *la Doctrine politique de la démocratie*, p. 22.

Et qu'on ne nous dise pas qu'en orientant son enseignement dans une direction déterminée, l'État cessera d'être neutre. Dissipons la confusion faite si souvent entre la tolérance et la neutralité. Si l'État ne doit pas s'inféoder à un parti, à une coterie, s'il a pour mission de faire respecter par tous le droit de chacun à croire ce qu'il lui platt, ce serait une duperie de sa part de donner la liberté aux autres pour se la refuser à lui-même. Aussi ne doit-il pas être neutre[1]. Un État vivant, agissant, aura une doctrine et la propagera. Souvenons-nous des paroles que prononçait récemment un ancien président de la République, M. Casimir-Perier : « La neutralité est le refuge des indécis, et, de toutes les libertés, la première qu'il faudrait supprimer, c'est celle d'être neutre... Quand on est équipé pour la défense des idées, il faut préférer quelque chose, et se battre pour ce qu'on préfère. »

En un mot, l'Université, tendant surtout à former des intelligences libres et de fortes volontés, doit briser, en vue de cette fin, les

---

1. Cf. Henri Berr : *Peut-on refaire l'unité morale de la France?*

entraves qui l'arrêtent encore, et faire en sorte que son enseignement soit imprégné de forte morale ; car, suivant le mot de Montesquieu, « ce sont les républiques qui ont le plus besoin de vertu ». A ce prix, l'Université sera la véritable éducatrice de la démocratie.

*
* *

Après avoir indiqué, d'une façon très générale, l'orientation de l'enseignement secondaire, il est nécessaire de dire ce que doit être le personnel chargé de cet enseignement dans l'Université, à laquelle les nouvelles conditions d'existence publique et privée donneront, de plus en plus, un rôle social important.

Depuis la réorganisation des facultés des lettres et des sciences, la préparation et la valeur du personnel enseignant sont à même de satisfaire les plus grandes exigences. Quand l'École normale était seule à fournir des maîtres pour nos lycées, le recrutement de ceux-ci était plus difficile, et bon nombre d'entre eux en étaient réduits, malgré quelques brillantes exceptions, à des professeurs de rencontre, dont la culture était parfois insuffisante. Aujourd'hui, il n'en est plus ainsi, et nos facultés sont autant de pépinières abondantes, produisant même, à certains moments, un trop plein de licenciés et d'agrégés dont le placement suscite des difficultés à l'Administration.

Ce personnel d'élite, réservé aujourd'hui à notre enseignement secondaire, est en mesure de soutenir la comparaison avec le personnel analogue des autres nations. Mais il faut qu'il prenne vraiment conscience de son rôle social et de sa dignité. Trop longtemps, nos professeurs de lycées se sont confinés entre les murs de leurs classes, ne voyant rien au delà de la préparation des leçons quotidiennes et de la correction des devoirs. C'est leur tâche essentielle, et nul ne saurait les blâmer de la remplir avec le zèle que constatent les plus tenaces ennemis de l'Université. Mais, grâce aux loisirs dont ils disposent, ils doivent de plus en plus se mêler à la vie sociale, et ne pas se croire exclusivement les éducateurs de quelques privilégiés de la fortune. Il serait regrettable aussi de voir nos professeurs vivre en dilettantes, curieux de toutes les choses de l'esprit, mais satisfaits de cette contemplation égoïste. La Jeune Université a parfaitement compris son rôle : elle se répand dans la vie nationale ; elle prend sa revanche de la solitude où elle a trop longtemps vécu, au grand préjudice du pays tout entier. Du jour où s'est produit, en France, le magnifique renouveau de l'éducation populaire, nous avons vu nos jeunes maîtres des lycées collaborer, avec leurs collègues de l'enseignement primaire, à la restauration de la conscience nationale. Tout dernièrement, un des éducateurs les plus aimés et les plus autorisés reconnaissait, comme nous, que l'Université s'est un peu trop dispensée de son rôle d'éducatrice civique, et cela pour garder sa neutralité, ou par le seul souci de former des humanistes[1]. Par la force même des choses, l'Université qui se lève maintenant dépouillera tous ses préjugés de caste qui l'ont parfois viciée ; elle saura qu'elle doit se donner à la démocratie. Tout en gardant intacts le culte du beau et le goût des plus purs chefs-d'œuvre littéraires, les professeurs de nos lycées auront en eux très vivace le sentiment démocratique ; ils

---

1. Voir Darlu, *l'Université et la République*, dans *la Revue politique et parlementaire*, décembre 1900.

comprendront l'importance de leur mission
en dehors même de leurs classes ; car « élever
le peuple, l'élever à l'intelligence, au sentiment des intérêts généraux, intellectuels et
moraux de la nation et de l'humanité, c'est
une tâche tout aussi pressée que le soin des
réformes proprement économiques [1] ».

Avec le temps, par suite des encourage-
ments qu'il reçoit, notre enseignement secondaire, se mêlant à la vie populaire, devien-
dra le véritable organisateur des idées
nationales.

Pour atteindre ce but, il faut qu'à la bonne
volonté du corps enseignant s'ajoute l'influence
efficace de nouveaux règlements, propres
à mettre en relief le personnel de nos lycées.
Par exemple, la prochaine réforme du baccalauréat comporte une mesure susceptible de
donner du prestige au personnel de l'enseignement secondaire. En attendant que le
baccalauréat soit un simple examen de fin
d'études, sa nature même exige dans les
jurys la présence des professeurs de l'ensei-

---

1. Darlu, article cité. Cf. Henry Bérenger, *la Conscience nationale*, 3e partie, III ; *l'Aristocratie intellectuelle*,
pp. 101 et suiv.

gnement secondaire. Il faut donc qu'une nouvelle législation leur attribue une certaine place à côté des membres de l'enseignement supérieur; et, comme il n'est pas juste que ces professeurs examinateurs soient soumis aux rancunes possibles de familles influentes dont les fils auraient été *ajournés*, leur nomination comme membres d'un jury entraînera nécessairement l'inamovibilité. C'est ainsi que les professeurs de lycées obtiendront la considération qui leur est due; car, il faut bien le dire, ils ne sont pas, dans certains milieux, jugés à leur juste valeur; il est de nombreux exemples de dédains que leur témoignent des populations remplies de snobisme et d'orgueil; et parfois même certains représentants des pouvoirs publics ont pour d'autres fonctionnaires des marques d'estime et de sympathie dont les universitaires ne sont pas gratifiés. Nous ne parlerons pas ici de la question de traitement qui est, cependant, un important coefficient pour le degré d'estime que l'on porte à un homme; l'État se doit à lui-même de relever la situation matérielle de serviteurs dévoués, qui seront, avec leurs collègues des deux autres ordres d'enseignement, les chevilles ouvrières de la société de demain.

En un mot, considéré dans son personnel, l'enseignement secondaire a en lui de quoi être un corps fortement organisé. Insensiblement, il dépouillera les vieilles routines dont l'avait chargé le despotisme napoléonien ; il se rajeunira constamment au contact des sources les plus pures de la science, et puisera une énergie toujours nouvelle au sein de notre jeune démocratie.

*
* *

Il nous reste à parler des élèves de l'enseignement secondaire et de leur recrutement. Question capitale aux yeux de l'opinion publique ! à ce propos, les adversaires de l'Université ont eu des triomphes apparents, et ses amis se sont émus sans raison. On a parlé et on parle encore de la « crise » de l'enseignement secondaire ; ce sont les ennemis de la raison laïque qui ont commenté des statistiques plus ou moins complaisantes et en ont tiré de fantaisistes déductions. Il fallait bien égarer l'opinion, et la convaincre, par des chiffres, que le pays répudiait « l'école sans Dieu ». Pour les hommes intelligents et impartiaux, les chiffres mensongers ont été justement interprétés et redressés[1], et l'on a fait voir que l'Université n'avait pas perdu sa clientèle. D'ailleurs, pour elle, l'essentiel n'est pas d'avoir de nombreux élèves, mais de bons élèves. La qualité doit primer la quantité. La valeur d'un lycée doit se juger au nombre des bons esprits qu'il forme, non à la foule des unités qui y séjournent, sans garder aucune trace de l'enseignement reçu. Dans ces conditions, comment l'Université s'y prendra-t-elle pour débarrasser ses établissements des non-valeurs qui les encombrent, de ces élèves qui, sautant sans peine les plaisantes barrières des examens de passage, arrivent en rhétorique, munis tout au plus des connaissances d'un élève de quatrième? On s'imaginera peut-être que le mal sera conjuré le jour où l'on établirait de sérieux examens de passage. Ce ne serait, selon nous, qu'un insuffisant palliatif.

L'excellence de l'enseignement secondaire exige, à notre sens, une refonte de notre

1. Jules Payot, *Revue universitaire*, 15 janvier 1897.

système de recrutement scolaire ; et la réforme nécessaire aura son contre-coup sur l'enseignement primaire.

Nous pensons que tous les jeunes Français, sans exception, devraient passer par l'école primaire gratuite et laïque ; et, comme conséquence naturelle, nous demanderions la suppression de ces classes primaires installées dans nos lycées ; elles passent, avec raison, pour être la pépinière des classes supérieures, mais elles n'ont rien de l'enseignement secondaire, sinon la communauté des bâtiments, puisqu'elles sont confiées à des instituteurs. C'est à l'école primaire que doit se faire la fusion si désirable des classes ; là se dissiperont les préjugés reposant sur la fortune ou la naissance. Pourquoi, quand on veut constituer une démocratie homogène, en parquer les éléments dans des cellules à cloisons étanches, et leur prescrire, *a priori*, la voie de leur évolution [1] ?

De plus, ce solide enseignement primaire sera, pour l'enfant, une sorte d'épreuve, la pierre de touche de son intelligence et de sa

1. Voir Henri Brisson, *la Congrégation*, préface, p. 61 et suivantes. Paris, Cornély, éditeur.

valeur. Car, après un examen sérieux portant sur l'enseignement primaire, l'élève pourrait être jugé digne de continuer ses études au lycée. Le lycéen serait un enfant ayant déjà fait ses preuves, ne devant pas le plus souvent tromper les espérances conçues. De cette façon, le lycée ne serait pas encombré d'élèves qui ne sont bons qu'à faire nombre, mais n'y font pas bonne figure, au grand désespoir des proviseurs et des professeurs. Nos lycées sont, en vérité, d'un accès trop facile à tous les fils de la bourgeoisie qui le fréquentent par orgueil, sans être toujours capables de profiter de l'enseignement. On ne conçoit cette facilité d'accès que pour l'enseignement primaire, qui l'implique par son caractère obligatoire.

Si nos lycées, si l'enseignement gagnent à cette mesure, qui peut sembler révolutionnaire, les élèves, que leur faiblesse notoire exclurait de l'enseignement secondaire, n'auraient rien à y perdre. Un simple enseignement primaire leur sera plus utile que l'amas de connaissances mal digérées, mal comprises. Ce ne seront plus des *ratés*, ce ne seront plus des hommes devenus ambitieux par cela seul qu'ils ont « suivi les cours du lycée » ou « fait leurs classes ». Ils resteront au rang où les aura mis leur capacité intellectuelle.

Le lycée n'en restera pas moins la maison d'éducation pour ce que nous avons l'habitude d'appeler les classes dirigeantes. Mais, au lieu de voir les familles elles-mêmes choisir, pour ainsi dire, d'avance et pour des raisons étrangères au mérite, les futurs directeurs de la démocratie, ce sera la nation elle-même qui fera cette importante sélection, après que ses agents auront constaté les aptitudes de chacun. Ce qui se fait aujourd'hui pour un nombre relativement restreint d'élèves, pour les boursiers, devrait se faire pour tous les futurs lycéens.

Enfin, le lycée devra être gratuit; ainsi disparaîtrait cette anomalie choquante d'un enseignement payant entre deux enseignements gratuits. L'entrée au lycée gratuit sera le prix du travail produit par l'élève à l'École primaire gratuite. Et qu'on ne dise pas, pour repousser cette innovation, que la gratuité se conçoit uniquement pour un enseignement *obligatoire*, car l'enseignement supérieur n'est obligatoire pour personne, et cependant il est gratuit, et ne reçoit que des étudiants munis de certains diplômes.

Il doit en être de même pour l'enseignement secondaire. Ce sera, dira-t-on, une grosse question budgétaire. Mais, comme le Parlement en a résolu de plus inextricables, il y a tout lieu de croire que celle-ci ne l'arrêterait pas davantage, s'il l'abordait avec la ferme volonté de défaire le nœud gordien de notre enseignement secondaire.

Il reste encore un problème important : celui de l'internat. Nous n'avons pas la prétention de le résoudre ici, après tant d'éducateurs et de publicistes qui l'ont agité. Mais, si l'on a fait toucher du doigt les inconvénients de notre système d'éducation, on n'en a pas toujours indiqué les remèdes. Le jour où il n'y aura plus d'internats, il faudra les remplacer ; on ne peut pas songer à priver de l'éducation universitaire les enfants dont les parents sont retenus par leurs fonctions ou leurs intérêts loin de la ville, où se trouve le lycée.

Or, on ne remplacera pas l'internat du lycée par l'internat des institutions libres, qui présenterait les mêmes inconvénients, sans offrir les mêmes garanties. Et, pour qui connaît l'Université et les Universitaires, on affirmera, sans crainte d'erreur, que notre pays ne se prêterait pas à l'expérience qui réussit chez nos voisins. Nos mœurs, et aussi (reconnaissons-le) un souci légitime d'un certain décorum dans la société où ils vivent empêcheraient de trouver de nombreux professeurs disposés à prendre des pensionnaires.

Si l'internat est un mal nécessaire, la réforme doit en être faite par l'Administration, — et par les familles elles-mêmes.

Il faut que, de plus en plus, on apporte des améliorations indispensables à la vie intérieure de nos lycées. Depuis quelques années, de sérieuses réformes ont été faites dans ce sens : la discipline n'est plus la discipline sauvage d'autrefois, l'élève n'est plus un simple numéro[1]; et, peu à peu, le lycée perdra son caractère de caserne ou de couvent. Comme c'est surtout dans les lycées de Paris et des grandes villes que se font sentir les fâcheux effets de l'agglomération d'élèves,

1. Voir Henry Bérenger, *Philosophie de l'internat français*, dans *la Grande France*, septembre 1901.

il faut qu'on se décide à ouvrir des lycées plus nombreux et moins peuplés.

Ce sont aussi les familles qui doivent réduire l'internat à son minimum nécessaire. La paresse et l'apathie les portent trop souvent à mettre leur enfant interne dans un lycée qui est un gîte tout trouvé. Pourquoi ne pas s'enquérir plutôt de quelque famille amie à laquelle on pourrait confier le jeune lycéen ? Sachons rompre avec la routine, et nous verrons se généraliser rapidement une habitude susceptible de résoudre, à la satisfaction de tous, le problème qui nous préoccupe à bon droit.

*
* *

Nous avons essayé de dire ce que doit être l'Université — et particulièrement l'enseignement secondaire — dans la démocratie contemporaine. Nous nous sommes borné à tracer, dans ses grandes lignes, le plan de l'Université que nous rêvons, à l'aurore du xxe siècle.

Nos réformateurs, quels qu'ils soient, se souviendront avant tout qu'il ne s'agit pas uniquement de faire des replâtrages destinés à tomber à la moindre secousse. A une nation nouvelle, il faut des institutions nouvelles. L'opinion a progressé depuis le jour où Napoléon, instituant l'Université, voulait faire de ses professeurs un corps de « jésuites laïques ». Par l'effet des événements, des initiatives qui l'ont successivement dirigée, l'Université s'est profondément modifiée. Souvenons-nous qu'elle procède du mouvement qui a préparé et accompli la Révolution. Arrachons de son sein tout ce qui peut rester encore du despotisme napoléonien, et de l'uniformité de pensée et d'action qu'il voulait imposer à ses futurs serviteurs. Sachons reprendre l'œuvre vraiment féconde que laissaient entrevoir les projets de la Constituante et de la Convention, en l'animant du véritable esprit démocratique et républicain qui est, avant tout, un esprit de haute moralité [1].

L'Université, qui doit être l'éducatrice, la mère spirituelle de tout Français, formera le cœur et le caractère de ceux qui présideront aux destinées du pays. Malgré les erreurs

1. Cf. le discours prononcé par M. Etienne Dejean, alors député des Landes, dans la discussion générale du budget de l'Instruction publique, en 1897.

commises, en dépit des orages passagers dont le spectacle peut encore égarer l'opinion, on a le droit de penser que la démocratie sortira victorieuse des luttes actuelles. En face de l'exclusivisme de l'ancien régime, de la routine à laquelle des puissances déchues voudraient ramener la nation, se dresse, jeune et fort de ses espérances, le pouvoir de l'esprit moderne qui, s'il était banni du reste du monde, trouverait un refuge dans l'Université française.

Aussi, appartient-il à l'Université, renouvelée et fortifiée, de présider à la rénovation de la France.

TOURS. — IMPRIMERIE DESLIS FRÈRES

BIBLIOTHÈQUE RÉPUBLICAINE

La Congrégation, par Henri Brisson. 1 volume de 550 pages,
prix.. **3 fr. 50**

Les Cordicoles, par Gustave Téry.
1 volume de 350 pages avec *un plan*, prix.................. **3 fr. 50**

La Lutte contre le Cléricalisme, par Albert Meyrac.
1 fort volume de 430 pages, prix........................... **3 fr. 50**

L'Éducation de la Démocratie française, par Léon Bourgeois.
1 volume de 300 pages, prix................................ **2 fr. »**

Pour l'Université républicaine, par Maurice Faure.
1 volume de 200 pages, prix................................ **2 fr. »**

Pour la Liberté de Conscience, conférences populaires par
MM. Ballaguy, Bouglé, Dabru, Loriss et Rayol, couronnées par la
Ligue française de l'Enseignement.
1 volume de 200 pages, prix................................ **2 fr. »**

La Loi Falloux : le Cléricalisme et l'École, par A. Huc.
1 volume de 350 pages, prix................................ **2 fr. »**

Pour l'École laïque, par B. Jacob. Conférences populaires avec
une préface de M. Ferdinand Buisson. 2ᵉ édition.
1 volume .... **1 fr. »**

Pour la Démocratie française, par C. Bouglé. Conférences
populaires avec une préface de M. Gabriel-Séailles.
1 volume... **1 fr. »**

L'École républicaine et le Patronage féminin, par Ferdinand Dreyfus.
1 volume .... **1 fr. »**

Pour l'Armée Républicaine, par ***
1 volume, prix.................... 0 fr. 60 ; *franco*... **0 fr. 75**

La Déclaration des Droits de l'Homme et du Citoyen,
accompagnée de lectures et expliquée par MM. Léon Bourgeois et
Albert Métin. 1 volume de 96 pages. Prix 0 fr. 40 ; *franco*.. **0 fr. 50**

**Le Syllabus, l'Encyclique et la Déclaration des Droits
de l'homme,** par A. Delpech, sénateur de l'Ariège.
1 volume, 64 pages.............. 0 fr. 20 ; *franco*..... **0 fr. 25**

Édouard CORNÉLY, Éditeur, 101, rue de Vaugirard, Paris